100 faszinierende Tatsachen

DER WILDE WESTEN

100 faszinierende Tatsachen

DER WILDE WESTEN

Andrew Langley

Berater: Richard Tames

Übersetzt von Wiebke Krabbe

DANKSAGUNG

Der Herausgeber dankt den folgenden Künstlern für ihre Mitarbeit
an diesem Buch:

Chris Buzer / Studio Galante   Andy Lloyd-Jones / Allied Artists
Mark Davis / Mackerel   Janos Marffy
Nicholas Forder   Roger Payne / Linden Artists Ltd
Mike Foster / Maltings Partnership   Eric Rowe / Linden Artists Ltd
Terry Gabbey / AFA   Martin Sanders
Luigi Galante / Studio Galante   Peter Sarson
Peter Gregory   Rob Sheffield
Brooks Hagan / Studio Galante   Francesco Spadoni / Studio Galante
Steve Hibbick / S.G.A.   Roger Stewart
Richard Hook / Linden Artists Ltd   Rudi Vizi
John James / Temple Rogers   Mike White / Temple Rogers

ISBN 3-8212-2547-5
© by XENOS Verlagsgesellschaft mbH,
Am Hehsel 40, 22339 Hamburg
Satz: Rüdiger Mohrdieck
Die Originalausgabe erschien 2001 bei
Miles Kelly Publising Ltd,
Bardfield Centre, Great Bardfield, Essex, CM7 4SL
unter dem Titel
100 things you should know about The Wild West
Copyright © Miles Kelly Publishing 2001
Printed in Spain

Inhalt

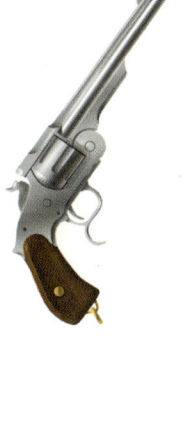

Wo war der Wilde Westen?

1 Nordamerika ist ein riesiger Erdteil. Als die ersten europäischen Siedler um 1600 an der Ostküste eintrafen, hatten sie keine Vorstellung von der Weite des Landes im Westen. Im Laufe der nächsten 300 Jahre zogen Pioniere, Siedler und Forscher immer weiter nach Westen, erkundeten und besiedelten ihn. Sie legten in der Wildnis Farmen an, gruben Bergwerke, bauten Städte und Eisenbahnen. Ihr Leben war oft hart und gefährlich. Es gab brutale Kämpfe um Gold, Vieh und Land, und es wurden Kriege geführt, um die Ureinwohner zu vertreiben. Darum bekam der Westen den Beinamen „Wild".

Die ersten Amerikaner

2 Die ersten Menschen kamen vor ca. 20 000 Jahren über eine schmale Landbrücke von Asien nach Amerika. Der Meeresspiegel war damals noch niedriger, so dass die beiden Erdteile miteinander verbunden waren. Als Kolumbus Amerika erreichte, lebten dort etwa 20 Millionen Ureinwohner, die Indianer.

▲ Der Lebensraum der Stämme prägte ihre Gewohnheiten. Diese Karte zeigt, wo die verschiedenen Stämme lebten.

3 Die Stämme der nordöstlichen Wälder mussten niemals hungern. Es gab viele Fische und reichlich Wild, außerdem wuchsen auf dem fruchtbaren Boden Getreide und Bohnen.

▶ Die Irokesen aus dem Nordwesten lebten in hölzernen Langhäusern. Sie jagten mit Blasrohren und Bogen.

4 Ehe die Europäer kamen, lebten nur wenige Menschen in der Prärie. Der Boden war zu hart für den Ackerbau, fruchtbar war er nur an den Flussufern. Im Sommer gingen die Prärieindianer zu Fuß auf Büffeljagd.

◀ Die Prärieindianer folgten den großen Büffelherden. Im Herbst kehrten sie zurück, um ihre Ernte einzubringen.

5 Für die Ureinwohner Kaliforniens war das Leben einfach. Stämme wie die Hupa sammelten Samen, Eicheln und andere wilde Früchte. Weil es warm war, brauchten sie wenig Kleidung. Die Stämme dieser Region führten nur selten Krieg gegeneinander.

▲ Ein Sommerlager des Hupa-Stammes an der kalifornischen Pazifikküste

◀ Die Hopi trugen einfache Kleidung aus Leder und gewebten Gräsern.

KAUM ZU GLAUBEN!
Der Stamm der „Flathead" (Flachkopfindianer) hatte tatsächlich flache Köpfe. Die Mütter banden den Neugeborenen Bretter auf den Kopf, um ihn flach zu drücken.

6 Der Südwesten ist eine große, sehr trockene Region. Die Hopi und andere Stämme bauten an den Flussufern Getreide an. Das Korn war so wichtig für sie, dass sie es als Gottheit verehrten. Die Pueblo-Indianer dieser Region bauten Häuser aus Steinen und Lehmziegeln, die man Adobe nannte.

Büffeljäger

7 Durch das Pferd änderte sich das Leben der Prärieindianer. Spanische Siedler brachten Pferde (und Gewehre!) aus Europa mit.

Mit Hilfe der Pferde wurde die Büffeljagd für die amerikanischen Ureinwohner viel einfacher. Büffelfleisch wurde zu ihrer Hauptnahrung, und aus der Haut machten sie Zelte und Kleidung.

8 Ein erfolgreicher Krieger war berühmt und mächtig. Doch die Prärieindianer fanden es mutiger, einen Feind zu berühren und dann zu entwischen, als ihn einfach zu töten. Dieses Berühren nennt man auch „Zählschlag".

9 Jeder der Präriestämme hatte seine eigene Sprache. Wenn sich Mitglieder verschiedener Stämme miteinander verständigen mussten, benutzten sie dazu eine Zeichensprache aus Gesten und Handbewegungen.

▼ Die Büffeljäger wohnten nicht in festen Dörfern, weil sie den Herden folgten. Unterwegs lebten sie in großen Zelten, die man Tipis nennt. Ihr ganzer Besitz passte auf eine einfache Schleppschleife, die ein Pferd ziehen konnte.

HAST DU EINEN INDIANERNAMEN?

Viele Prärieindianer wurden nach wahren Ereignissen benannt. Eine Sioux-Frau hieß „Die-alles-nur-einmal-sagt", ein Häuptling hieß „Junger-Mann-der-Angst-vor-seinen-Pferden-hat". Und wie würdest du deine Freunde nennen?

▶ Das Gerüst eines Tipis bestand aus Holzstangen, die wie ein Kegel aufgestellt wurden. Über die Stangen wurde Büffelhaut gespannt, die am Boden befestigt war. Oben hatte das Tipi eine Öffnung mit einer Klappe. Wurde im Inneren gekocht, konnte der Rauch des Feuers abziehen.

Eine neue Welt

10 **Im Jahre 1607 kamen 100 Engländer an der Küste des heutigen Virginia an und gründeten dort die erste feste Siedlung.** Bald folgten ihnen andere nach. Sie nannten Amerika die Neue Welt und Europa die Alte Welt.

11 **Ohne die Hilfe der amerikanischen Ureinwohner wären die ersten Siedler wahrscheinlich verhungert.** Die Indianer zeigten ihnen, wie man Mais und Getreide anbaut, wie man Wasser findet und mit dem Kanu paddelt. Dafür brachten die Europäer Pferde, Rinder und Metallwerkzeuge in die Neue Welt.

▲ Als die amerikanischen Ureinwohner Zutrauen zu den Fremden gefasst hatten, konnten die beiden Völker Waren miteinander tauschen.

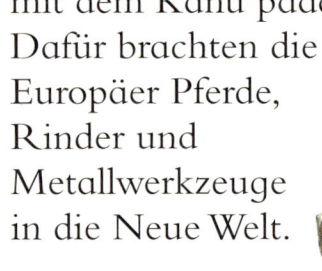

▶ Daniel Boone mit seinem Gewehr und seinem Jagdhund

12 **Die ersten weißen Entdecker waren Jäger und Fallensteller.** Männer wie Daniel Boone wagten sich auf der Suche nach Rehen und anderem Wild weit in die unbekannte Wildnis vor. Boone liebte es, allein durch die Wildnis von Kentucky zu ziehen. „Im Himmel ist es wie in Kentucky", soll er seiner Familie gesagt haben.

13

Um weiter nach Westen vordringen, mussten die Siedler einen Weg über das Gebirge der Appalachen finden. Erst 1775 gelang es Daniel Boone, eine Gruppe durch die Cumberland-Schlucht zu führen. Die Route, die sie benutzten, wurde als Wilderness Road (Weg durch die Wildnis) bekannt.

QUIZ

Die europäischen Siedler lernten in Amerika viele neue Nahrungsmittel kennen. Welche dieser Dinge kannten sie aus der Alten Welt, und welche waren neu für sie?
a) Truthahn b) Mais
c) Kohl d) Kartoffeln
e) Rindfleisch f) Nudeln

a) NW b) NW c) AW d) NW
e) AW f) AW

14

Am schnellsten gelangte man auf dem Wasserweg in die Wildnis. Der große Mississippi wurde zum wichtigsten Weg, um Siedler und Waren vom Golf von Mexiko in den Mittelwesten zu befördern. Man benutzte Segelschiffe oder flache Flöße.

▼ Händler, die den Siedlern Werkzeuge und Lebensmittel verkauften, befuhren den Mississippi mit einem Floß.

Auf nach Westen

15 **Im Jahre 1803 verdoppelte sich die Fläche der Vereinigten Staaten.** Der amerikanische Präsident Thomas Jefferson kaufte den Franzosen ein großes Gebiet ab, das Louisiana genannt wurde. Es erstreckte sich vom Mississippi bis zu den Rocky Mountains.

▲ Der Louisiana-Landkauf von 1803

16 **Jefferson schickte die Offiziere Meriwether Lewis und William Clark aus, das neue Gebiet zu erkunden.** Sie führten eine Expedition den Missouri hinauf und suchten nach einem Weg zum Pazifischen Ozean. Nachdem sie einen Weg über die Rocky Mountains gefunden hatten, folgten sie dem Columbia River bis zum Meer.

▲ Lewis und Clark waren die ersten Menschen, die den Kontinent von einer Küste zur anderen durchquerten.

17 **Von 1811 an baute man die National Road, die erste Straße in den Westen, die von Maryland nach Illinois führte.** Viele Pioniere zu Pferd oder mit dem Planwagen benutzten diese Strecke, und an ihren Rändern entstanden Städte und Raststationen.

◄ Pioniere auf der Reise entlang der National Road machen eine Rast.

18

Indianer retteten Lewis und Clark, als sie vom Hungertod bedroht waren. Die Leute vom Stamm der Nez Percé hatten noch nie Weiße gesehen, doch sie gaben den Fremden getrocknete Fische und Pflanzenwurzeln zu essen. Außerdem schenkten sie ihnen Bäume, aus denen sie Kanus bauen konnten, um schneller den Fluss hinabzupaddeln.

KAUM ZU GLAUBEN!

Lewis und Clark hatten eine eingeborene Führerin namens Sacagawea. Eines Tages trafen sie auf eine Gruppe wilder Schoschonen-Krieger. Es war ein glücklicher Zufall, dass der Anführer der Gruppe ausgerechnet Sacagaweas Bruder war.

19

Um Platz für die weißen Siedler zu gewinnen, wurden die Indianer verdrängt. Als die Europäer nach Westen zogen, mussten ganze Stämme weiter nach Westen ausweichen. Dazu gehörten auch die Cherokee. 1838 trieben Soldaten 15 000 Cherokee zusammen und zwangen sie, ins weit entfernte Oklahoma zu marschieren. Mehr als 4 000 von ihnen starben auf der Reise, die später „Zug der Tränen" genannt wurde.

▲ Die hungernden und frierenden Cherokee wurden aus ihrer Heimat in ein neues Gebiet westlich des Mississippi vertrieben.

Männer der Berge

20 Die ersten Weißen, die die Rocky Mountains erkundeten, waren Fallensteller. Diese zähen und wagemutigen Männer verbrachten ein oder zwei Jahre ganz allein in der Wildnis. Sie jagten Biber und andere Tiere, um die Felle zu verkaufen. Diese Männer kannten die Berge besser als jeder andere.

◄ Ein „Bergmann" aus den Rocky Mountains

21 Der berühmteste Trapper war Jim Bridger, der schon mit 18 Jahren in die Berge gegangen war. Vermutlich war er der erste Weiße, der den großen Salzsee und die Wunder von Yellowstone sah. Bridger verbrachte 40 Jahre in den Bergen, dann wurde er Führer für die amerikanische Armee.

◄ Jim Bridger

22 Viele Trapper heirateten Indianerinnen. Sie führten ein einsames und gefährliches Leben. Durch die Heirat waren sie nicht mehr allein, und sie bekamen auch engen Kontakt mit den Stämmen.

◄ Ein weißer Trapper mit seiner amerikanischen Frau in einem Lager der Indianer in den Rocky Mountains.

23

Die Trapper halfen mit ihrer guten Ortskenntnis auch Siedlern und Forschern. 1842 führte Kid Carson eine Gruppe über den Oregon Trail und die Rocky Mountains. Er schmuggelte sie sogar durch ein Gebiet, in dem feindselige Sioux lebten. Carson führte auch Expeditionen nach Kalifornien und Utah.

▼ Trapper vergnügen sich beim jährlichen Fest am Green River.

24

Jedes Jahr trafen sich die Trapper in den Bergen zu einem großen Fest. Sie kamen in einem Tal zusammen und brachten Ladungen von Fellen mit, die sie verkaufen oder gegen Waren eintauschen wollten. Dann sangen, tanzten, lachten und tranken sie. Manchmal gab es auch Schlägereien. Und am Ende des Festes waren die meisten wieder pleite.

Goldrausch!

25 1848 entdeckte ein Arbeiter auf John Sutters Farm in Kalifornien bei der Feldarbeit etwas Glänzendes. „Mein Herz machte einen Satz", sagte er später, „denn ich war sicher, dass das Gold war." Dann fand er noch ein Stück – und noch eins. Er lief los, um seinem Chef die große Neuigkeit zu erzählen.

26 Bald strömten Hunderte von Goldsuchern herbei. Sutter versuchte, den Fund geheim zu halten, doch das gelang ihm nicht. Innerhalb weniger Monate waren mehr als 4 000 Männer am Fluss angekommen. 1849 kamen über 80 000 Goldsucher zu Fuß, zu Pferd und mit dem Schiff. Nach der Jahreszahl des großen Goldrausches nannte man die Männer „Forty-Niner" (Neunundvierziger).

▲ Die großen Mississippi-Dampfschiffe brachten Tausende von Goldsuchern nach Kalifornien.

27 Zuerst mussten alle Goldsucher einen Claim abstecken. Sie suchten sich ein Stück Land und stellten ein Schild auf, um zu zeigen, dass es ihr Gebiet war. Sie durften eine Hütte oder ein Zelt zum Schlafen aufstellen, doch die meisten schürften fast pausenlos nach Gold.

28 Die einfachste Art, nach Gold zu suchen, war das „Waschen". Man füllte etwas Flusskies und Wasser in eine flache Metallschale und schwenkte sie langsam. Die leichteren Stücke wurden herausgeschwemmt, das schwerere Gold blieb zurück.

29 Die meisten Goldsucher bauten sich eine Waschkiste. Das war eine große, bewegliche Holzkiste, die gerüttelt wurde, um das Gold von Schlamm und Steinen zu trennen. Das Prinzip war das gleiche wie beim Goldwaschen mit der Pfanne.

GOLD WASCHEN

Such dir einen Platz, der ruhig schmutzig und nass werden darf. Fülle eine Schaufel Gartenerde in eine flache Schüssel und mische sie mit Wasser zu einem flüssigen Brei. Jetzt schwenke die Schale mit beiden Händen im Kreis und lass dabei immer etwas Schlamm über den Rand schwappen. Du wirst sehen, dass die schwersten Stücke in der Schüssel bleiben. Vielleicht hast du ja Glück und es ist Gold dabei.

30 An den größten Fundorten schossen Städte aus dem Boden. Oft waren das gesetzlose Orte, an denen Raub und Streit über die Claims an der Tagesordnung waren. Viele Goldgräber hatten kein Glück und zogen fort, so waren die meisten Goldgräberstädte bald verlassen.

Über die Prärie

31 Der preiswerteste Weg in den Westen war der Wagen-Treck, aber es war auch der beschwerlichste. Die Reise nach Westen führte über die Prärie. Da gab es große Wüsten ohne Schatten und Wasser, aber auch steile Gebirge und Flüsse, die überquert werden mussten. Außerdem musste man immer mit Angriffen der Indianer rechnen, die zornig über die weißen Eindringlinge waren.

32 Die meisten Pionierfamilien reisten in Planwagen, die man auch Prärieschoner nannte. Ein Schoner ist ein Segelschiff, und die weiße Bespannung der Planwagen sah tatsächlich aus wie Segel. Die Wagen hatten große Räder, damit sie nicht im Schlamm stecken blieben, und wurden von Pferde- oder Ochsengespannen gezogen.

33 Die Wagen fuhren in einer langen Reihe. Dutzende von Familien schlossen sich zusammen, um einen Treck zu bilden.

Solche Züge legten am Tag etwa 25 Kilometer zurück, in der Nacht wurde gerastet. Brach ein Wagen zusammen, wurde er zurückgelassen. Die Reisenden mussten sich beeilen, die Berge zu überqueren, ehe der Winter kam.

BILDER-RÄTSEL

Kannst du den schnellsten Weg durch die Prärie und über die Berge finden? Gehe dabei Gefahren möglichst aus dem Weg.

Die Rinderbarone

34 Texas und die große Prärie verwandelten sich bald in eine riesige Viehweide. Nachdem die Regierungstruppen die Ureinwohner vertrieben hatten, nahmen die Rancher ihren Platz ein. Sie züchteten große Rinderherden, die Cowboys vom Pferd aus überwachten.

▼ Cowboys treiben eine Herde von Rindern über die trockenen Grasebenen von Texas.

35 1521 brachten die Spanier die ersten Rinder nach Amerika. Im Lauf von Jahrhunderten entwickelte sich aus ihnen die Rasse Texas Longhorn. Das waren große, robuste Rinder mit langen Hörnern, die auf den trockenen Ebenen gut gediehen.

▶ Longhorn-Rinder waren sehr robust, aber sie wuchsen langsam und hatten weniger Fleisch als andere Rassen.

36
Die Städte des Ostens brauchten das Fleisch aus dem Westen. Die Rancher begannen, ihre Rinder zu den Eisenbahnstrecken zu treiben, von wo sie nach Osten transportiert wurden. Eine der bekanntesten Routen war der Chisholm Trail von Texas nach Kansas.

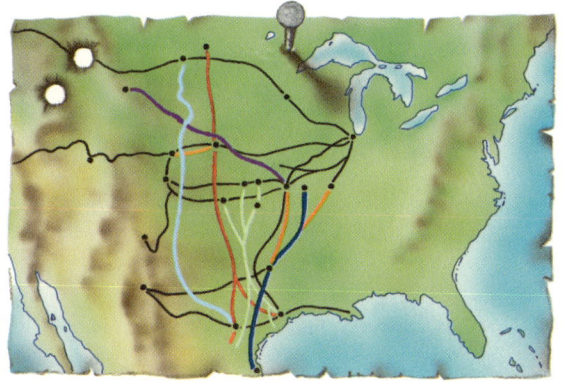

Goodnight-
Loving Trail —
Western Trail —
Chisholm Trail —
Sedalia Trail —
Shawnee Trail —
Platcher's Path —
Nelson Story
Trail —

▲ Dies sind die Strecken der berühmtesten Vieh-Trails.

37
Charles Goodnight war der erste, der lange Vieh-Trails durchführte. Mit seinem Partner Oliver Loving brach er 1866 auf, um 2 000 Rinder von Texas nach Colorado zu bringen, wo er sie verkaufte. Der Goodnight-Trail wurde noch lange benutzt.

BILDER-RÄTSEL

Die Rancher kennzeichneten ihr Vieh mit einem Brandzeichen. Erkennst du, welches Brandzeichen zu welcher Ranch gehört?

1.
2.
3. Ϋ
4. ⊐
5. ⌐

a. Sonnenaufgang
b. Schaukelnde 7
c. Bank
d. Hut
e. Krummes Y

1: d; 2: a; 3: e; 4: b; 5: c.

38
Joseph McCoy gründete eine neue Stadt – nur für Rinder. In der kleinen Siedlung Abilene in Kansas baute er riesige Stallgebäude und überredete eine Eisenbahngesellschaft, Schienen von seinen Stallungen zur Haupt-Eisenbahnlinie zu verlegen. Dadurch wurde Abilene bald zum wichtigen Zentrum des Viehhandels.

Der Alltag der Cowboys

39 **Ein Cowboy hatte eine spezielle Ausrüstung.** Auf dem Kopf trug er einen Hut mit breiter Krempe, der vor Sonne und Regen schützte. Über den Hosen trug er lederne Hosenbeine, Chaps genannt, um Verletzungen durch die Rinderhörner zu vermeiden. Besonders wichtig war ein bequemer Sattel, auf dem er den ganzen Tag lang saß. Cowboys trugen selten ein Gewehr, denn es war schwer und häufig nur im Weg.

Hut

Chaps

40 **Ein Vieh-Trail konnte bis zu drei Monaten dauern.** Die Cowboys arbeiteten den ganzen Tag und manchmal bis in die Nacht hinein. Ihre Aufgabe war es, die Herde zusammenzuhalten und zu lenken. Einige ritten vor der Herde, einige an den Seiten. Wegen des Staubs und der Fliegen war der Platz ganz hinten besonders unbeliebt.

Nachhut

Seitenreiter

Trailführer

41 **In der Nacht hielten die Cowboys abwechselnd Wache.** Sie ritten um die Herde und hielten sie zusammen. Oft sangen sie auch, um die Tiere zu beruhigen.

42

Ein plötzliches Geräusch konnte die ganze Herde erschrecken und eine Panik auslösen. Die Cowboys versuchten die Rinder aufzuhalten, indem sie auf sie zuritten, die Hüte schwenkten oder Schüsse abfeuerten. Wenn ein Pferd stolperte und der Reiter zu Boden fiel, konnte er von den Rindern zu Tode getrampelt werden.

43

Schließlich kam der Trail in der Stadt an, wo die Rinder verkauft wurden. Die Cowboys bekamen ihre Bezahlung, zogen ihre besten Kleider an und amüsierten sich in den Saloons und Tanzlokalen. Viele hatten in wenigen Tagen ihren Lohn verbraucht.

44

Jeder Cowboy hatte ein Seil bei sich, das man Lasso nennt. Es war zu einer beweglichen Schlinge geknotet. Geschickte Lassowerfer konnten eine Kuh einfangen, indem sie ihr die Schlinge über den Kopf oder um die Beine warfen.

▶ Das Lasso gehörte zu den wichtigsten Ausrüstungsstücken der Cowboys.

BILDER-RÄTSEL

Dieser Planwagen transportiert die Verpflegung für die hungrigen Cowboys. Findest du die Lieblingsspeisen: Speck, Kekse, Bohnen und Kaffee?

Eine Wildweststadt

45 Die meisten Wildweststädte waren anfangs nur Handelsposten. Die Pioniere kamen dorthin, um Getreide und Felle zu verkaufen oder um Kleidung, Werkzeuge, Kaffee und andere Waren zu kaufen. Dann kamen neue Siedler an. Sie bauten Häuser, Geschäfte und Ställe. Anwälte und Ärzte ließen sich nieder, Saloons wurden gegründet.

46 Die Stadtbewohner wählten einen Sheriff, der wie ein Polizist für Recht und Ordnung zu sorgen hatte. Doch das war eine harte und einsame Arbeit. Manche Sheriffs waren für große, unwegsame Gebiete zuständig und hatten nur wenige Hilfssheriffs. Und wenn sie einmal einen Verbrecher fingen, dann gab es oft gar kein Gefängnis, um ihn einzusperren.

47

Cowboys tranken, tanzten und spielten gern. All das konnten sie in den Saloons der Stadt tun. Ein tanzender Cowboy muss ein lustiger Anblick gewesen sein, wenn seine großen Sporen klirrten und seine Revolver an seinen Hüften wippten.

BILDER-RÄTSEL

Im Wilden Westen gab es verschiedene Pferderassen. Manchmal beschreibt ihr Name ihr Aussehen.
Findest du auf dem Bild
einen Albino (sehr helles Fell)
einen Pinto (schwarzes Fell mit großen, hellen Flecken)
einen Palomino (goldbraunes Fell, Schwanz und Mähne silbrig)
einen Appaloosa (dunkel mit weißem, geflecktem Rumpf)?

48

Jede Wildwest-stadt hatte auch ihre Betrüger. Besonders verbreitet waren die Quacksalber und Pillendreher, die Medikamente verkauften, die jede Krankheit heilen sollten. Meistens bestanden diese Wundermittel aber nur aus gefärbtem Wasser und Kreide.

49

Eine besonders gesetzlose Stadt war Dodge City in Kansas. Dort wurden viele Menschen erschossen. Den Friedhof nannte man „Boot Hill" (Stiefelhügel), weil Revolverhelden immer mit ihren Stiefeln begraben wurden.

Verkehr und Reisen

50 **Postkutschen verkehrten regelmäßig zwischen den großen Städten.** Eine Gesellschaft ließ vier Kutschen in der Woche zwischen St. Louis und San Francisco fahren. Sie waren Tag und Nacht unterwegs und schafften etwa 160 Kilometer in 24 Stunden. Doch die Reise war kein Vergnügen. Die Straßen waren schlecht und uneben, und die Passagiere kamen verstaubt und mit blauen Flecken an.

Wächter

Passagiere

Breite Räder verhindern, dass die Kutsche im Boden einsinkt.

51 **Es war sicherer, mit der Kutsche zu reisen als allein.** Banditen oder Indianer griffen die Reisenden oft in einsamen Gegenden an. Eine Gruppe gut bewaffneter Passagiere konnte sich besser verteidigen als ein einzelner Reiter.

52
Der schnellste Weg, um Post zu verschicken, war der Pony-Express.
Ein Reiter ritt mit seiner Posttasche, so schnell er konnte. Alle 20 Kilometer wechselte er das Pferd. Nach etwa 120 Kilometern gab er die Tasche an den nächsten Reiter weiter. Auf diese Weise konnten Briefe 360 Kilometer am Tag transportiert werden.

DAS MORSEALPHABET

So sehen die Buchstaben als Morsezeichen aus. Die Striche stehen für lange Töne, die Punkte für kurze. Du kannst mit Morsezeichen geheime Nachrichten an einen Freund schicken, aber nur, wenn er die Zeichen auch versteht.

A ●—	J ●———	S ●●●
B —●●●	K —●—	T —
C —●—●	L ●—●●	U ●●—
D —●●	M ——	V ●●●—
E ●	N —●	W ●——
F ●●—●	O ———	X —●●—
G ——●	P ●——●	Y —●——
H ●●●●	Q ——●—	Z ——●●
I ●●	R ●—●	

▲ Postkutschen wurden meist von zwei oder vier Pferden gezogen.

53
Die berühmteste Kutschengesellschaft war Wells Fargo. Die Kutschen transportierten Passagiere, Waren und Post von New York in den fernen Westen. Auf dem Rückweg nahmen sie Gold und Silber aus den Minen mit.

54
Um 1860 waren die meisten Städte an das Telegrafennetz angeschlossen.
Nun konnte man Nachrichten über den Draht in ferne Städte übermitteln. Dazu musste der Telegrafist den Text der Nachricht in Morsezeichen verwandeln.

Das Stahlross

55 In den 1860er Jahren wurden die ersten Eisenbahnen gebaut. Zwei Gesellschaften begannen, Schienen zu verlegen: eine von Osten aus, eine von Westen aus. Sie sollten aufeinander treffen, um eine Eisenbahnstrecke quer durch Nordamerika zu bilden.

▲ Die in Amerika bis 1900 erbauten Eisenbahnstrecken.

56 Der Bau der Eisenbahn über die Rocky Mountains war schwierig. Tausende von Männern mussten Gestein weghacken und sprengen. Hohe Brücken wurden gebaut, um die Schienen so eben wie möglich zu verlegen. Gewaltige Hitze, Schnee und eisige Kälte erschwerten die Arbeit. Außerdem gab es viele Überfälle der Indianer auf das „Stahlross".

57 1869 trafen sich die beiden Eisenbahnstrecken im Staat Utah. Die beiden rivalisierenden Eisenbahngesellschaften bauten die letzten Strecken um die Wette. Jeden Tag wurden 16 Kilometer Schienen verlegt. Entlang der Strecke standen Telegrafenmasten, damit man das Tagesergebnis durchgeben konnte.

58

Mehr als 11 000 Chinesen arbeiteten am Bau der Central Pacific Eisenbahn mit. Sie waren zäher und ausdauernder als die weißen Arbeiter. Das lag zum Teil an ihrer gesunden Ernährung. Sie tranken keinen Alkohol, rauchten nicht und streikten nur selten.

KAUM ZU GLAUBEN!

Als die beiden Eisenbahnlinien aufeinander trafen, gab es eine Feier. Einer der Direktoren wurde gebeten, den letzten Nagel einzuschlagen. Alle jubelten, als er ausholte – und danebenschlug.

◄ Die chinesischen Arbeiter legen hölzerne Eisenbahnschwellen und Metallschienen durch die Wildnis.

59

Die Reise mit dem Zug war schneller und bequemer als mit der Kutsche. Doch es gab immer noch Gefahren. Der Zug konnte in einer Schneewehe stecken bleiben oder durch Wind, der über die Ebene fegte, aus den Schienen geworfen werden. Banditen konnten einen Zug leicht anhalten und ausrauben, indem sie die Schienen beschädigten oder mit Baumstämmen blockierten.

◄ Ein Zug mit einer Dampflokomotive war viel schneller als ein galoppierendes Pferd.

Büffeljagd

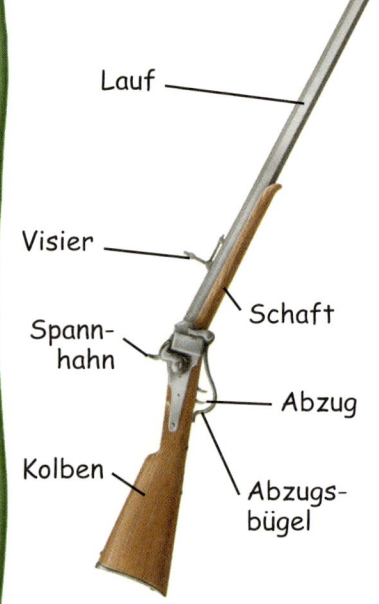

Lauf

Visier

Spann-hahn

Schaft

Abzug

Kolben

Abzugs-bügel

60 **Millionen von Büffeln zogen über die Prärie.** Sie schienen eine ideale Nahrungsquelle für die Armee und die Eisenbahnbauer zu sein. Darum wurden Scharfschützen angeheuert, die jeden Tag Büffel schossen. Es wurde auch ein neues Gewehr erfunden, das einen Büffel auf 500 Meter treffen konnte.

61 **Der berühmteste Büffeljäger war Buffalo Bill.** Er hieß eigentlich William Cody und hatte als Führer (Scout) und Cowboy gearbeitet, bevor er zur Eisenbahngesellschaft ging. Er war ein ungewöhnlich guter Schütze, der mit fast jedem Schuss einen Büffel erlegte. In nur eineinhalb Jahren tötete er mehr als 4 000 Tiere.

62 **Die Indianer waren über das Gemetzel entsetzt.** Der Büffel war für sie lebensnotwendig und sie verehrten ihn. 1874 griffen die Cheyenne zusammen mit anderen Stämmen die weißen Jäger an und vertrieben sie. Doch die Armee nahm Rache. Sie unterwarf alle Stämme der südlichen Prärie und drängte sie in festgesetzte Gebiete, die Reservate.

63 Bald wurde die Büffeljagd zum Sport. Aus den ganzen USA kamen Männer, um an der Jagd teilzunehmen. Täglich wurden Tausende von Büffeln erlegt, und bis 1880 waren die großen Herden der Prärie fast verschwunden.

64 Am Ende des 19. Jahrhunderts war der amerikanische Büffel beinahe ausgerottet. Es waren zu viele Tiere getötet worden. Dann erst wurde der Büffel unter Naturschutz gestellt und durfte nicht mehr gejagt werden. Heute leben viele Büffel in speziellen, eingezäunten Wildreservaten. Auch in einigen Nationalparks leben wieder wilde Herden.

KAUM ZU GLAUBEN!

Die Büffeljagd war ein so beliebter Sport, dass sogar ein Großherzog aus Russland anreiste. Doch vor lauter Aufregung verfehlte er mit den ersten 12 Schüssen sein Ziel.

Custers letzte Schlacht

65 **Die Stämme der Prärie kämpften um ihre uralten Jagdgründe.** Es gab viele Kriege zwischen den Goldgräbern und den Cheyenne in Colorado. Doch der Cheyenne-Häuptling Black Kettle wollte Frieden. 1864 zog er mit seinem Stamm zu einem Treffen mit der Armee am Sand Creek. Die amerikanischen Truppen griffen das Lager an und töteten die Bewohner.

▲ Diese Karte zeigt, in welchen Gebieten sich die Siedler und die Indianer Kämpfe lieferten.

▲ Red Cloud, ein Häuptling des Lakota-Stammes der Sioux

66 **Die amerikanische Regierung hatte versprochen, dass die Sioux ungestört in den Black Hills (Schwarze Berge) in Dakota leben dürften.**

1871 begann jedoch der Eisenbahnbau in dieser Region. 1874 führte der Goldrausch Tausende von Goldgräbern in die Berge, und das Versprechen war vergessen.

◄ Ein Sioux-Häuptling in seiner Stammestracht

67 **Die amerikanische Regierung wollte den Sioux die Black Hills abkaufen.** Häuptling Spotted Tail verlangte 70 Millionen Dollar, und Häuptling Red Cloud wollte ausreichend Fleisch, um den Stamm 200 Jahre lang zu ernähren. Nur Häuptling Little Big Man wollte Krieg: „Ich werde jeden Häuptling töten, der sich für den Verkauf der Black Hills ausspricht!"

68 **1876 ritten drei lange Kolonnen von Soldaten nach Dakota ein.** Sie hatten den Auftrag, die Sioux aus ihren alten Jagdgründen zu vertreiben. Die Truppen wurden von General George Crook geführt, der kurz vorher die Apachen im Süden besiegt hatte. Ein anderer Militärführer war George Custer, den die Indianer „Harter Hintern" nannten, weil er den ganzen Tag lang reiten konnte, ohne einmal aus dem Sattel zu steigen.

QUIZ

Kannst du aus dem Buchstabensalat die Namen von fünf berühmten Indianerhäuptlingen herausfinden?

CLOUDKETTLE
BULLCRAZYTAILBLACK
SITTINGREDHORSESPOTTED

a) Sitting Bull b) Crazy Horse c) Black Kettle d) Spotted Tail e) Red Cloud

69 **Custer glaubte, dass er die Sioux ganz allein besiegen könnte.** Im Juni führte er seine Männer zum Fluss Little Bighorn und erlebte eine böse Überraschung. Krieger der Sioux und Cheyenne unter der Führung von Häuptling Crazy Horse umzingelten seine Truppen und töteten jeden einzelnen Mann. Das war einer der größten Siege der Indianer – und einer der letzten.

Gesetzlose und Gesetzeshüter

70 Abilene war eine Rinderstadt voller wilder Cowboys, die schwer zu bändigen waren. 1871 kam ein neuer Marshall an, James „Wild Bill" Hickok – ein großer Mann mit zwei Pistolen mit Elfenbeingriffen am Gürtel. Es hieß, Wild Bill habe zehn Männer getötet, und man sagte von ihm, er sehe aus „wie ein verrückter alter Bulle". Aber er sorgte einige Monate lang für Ruhe in Abilene.

71 Wyatt Earp zähmte die Revolverhelden von Dodge City mit seinem langläufigen „Buntline Special"-Revolver. Als ein berüchtigter Mörder auf der Suche nach Streit in die Stadt ritt, stand Earp in der Saloontür. Der Bandit hatte seinen Revolver noch nicht gezogen, da fühlte er schon den Special des Sheriffs zwischen den Rippen. „Ich gehe ja schon", sagte der Gangster. „Dann lauf", antwortete Earp, „und komm nicht zurück."

▲ In so einem Blockhaus versteckten sich Butch Cassidy und die anderen Gangster in den Bergen von Wyoming.

▲ Dies ist ein Smith-and-Wesson-44-Revolver, die Lieblingswaffe vieler Revolverhelden im Wilden Westen.

72 Butch Cassidy und Sundance Kid waren zwei der berühmtesten Gangster. Sie raubten Banken aus, überfielen Züge und stahlen Vieh. Als die Marshalls ihnen auf den Fersen waren, versteckten sie sich in einem abgelegenen Teil Wyomings, den man „Hole-in-the-Wall" (Loch in der Wand) nannte. Mit anderen Ganoven gründeten sie dort eine Gang.

73

Die James-Bande verbreitete Angst und Schrecken. Die Brüder Jesse und Frank James waren brutale Gauner, die oft ihre Opfer prügelten oder töteten, ehe sie sie ausraubten. 1882 schoss ein Bandenmitglied Jesse James in den Hinterkopf, um die Belohnung zu kassieren, die auf James' Kopf ausgesetzt war.

74

Belle Starr war als „Gangster-Queen" bekannt. Sie führte in Texas eine Bande an, die Pferde und Rinder stahl. Später heiratete sie einen berüchtigten Viehdieb. Eine Zeitlang saß sie im Gefängnis. Als ihr Mann in einer Saloon-Schießerei ums Leben kam, führte sie ihre Bande allein weiter. 1889 wurde sie aus dem Hinterhalt erschossen.

75

Westlich der Pecos Mountains war Richter Roy Bean ganz allein zuständig für ein Gebiet von 400 Meilen Größe. Sein Gericht war die Bar seines Saloons. Während er Viehdiebe und Mörder bestrafte, zapfte er Bier. Normalerweise verurteilte er sie zum Tode.

Viehdiebe und Revolverhelden

76 **Es war einfach, Vieh und Pferde zu stehlen.** Die Herden grasten auf der Prärie und konnten nicht immer bewacht werden. Eine Gruppe von Viehdieben brauchte nur zur Herde zu reiten und sie fortzutreiben. Dann brachten sie sie in ein Versteck und veränderten die Brandzeichen.

77 **Die Rancher schlossen sich zusammen, um Viehdiebe zu bekämpfen.** Eine berühmte Gruppe nannte sich „Stuart's Stranglers". Mit ihrem Anführer Granville Stuart spürten sie in ganz Montana Viehdiebe auf und erhängten sie. Stuart befestigte immer einen Zettel mit der Aufschrift „Viehdieb" oder „Pferdedieb" an den Toten.

WANTED

HORSE THIEF
BILL HICKS

WANTED

CATTLE THIEF
JOHN CLINTON

▲ Viehdiebe wurden mit Steckbriefen gesucht. Auf Viehdiebstahl stand normalerweise die Todesstrafe.

78 **Unter den Farmern gab es oft Streitereien.** Die großen Rancher ärgerten sich, wenn neue Siedler kamen und Zäune um ihre Weiden zogen. Manchmal brachen richtige Kriege zwischen den Ranchern aus, in denen die Rancher Revolvermänner anheuerten, die für sie kämpften.

79 Billy the Kid war einer der berühmtesten Verbrecher des Wilden Westens. Sein richtiger Name war vermutlich Henry McCarty, und er kämpfte in einem Rancher-Krieg in New Mexico. 1881 wurde er von Sheriff Pat Garrett gestellt und erschossen. Der Legende nach soll Billy the Kid 41 Männer erschossen haben.

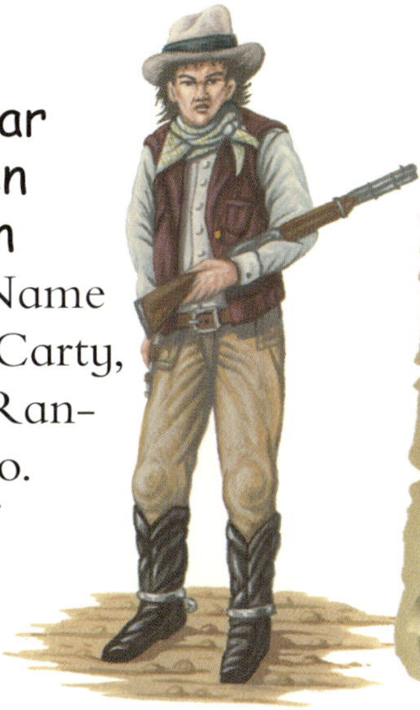

KAUM ZU GLAUBEN!

John Wesley Hardin war ein gefürchteter Revolvermann. Als er einmal in einem Hotel gestellt wurde, musste er so schnell fliehen, dass er seine Hose vergaß. Außerhalb der Stadt stahl er dann einem Cowboy die Hosen.

80 Der Winter 1886-1887 war für die Rinderzüchter eine Katastrophe. Schwere Schneestürme fegten über die Prärie, Schnee und Eis bedeckten das Gras. Hunderttausende von Rindern starben. Ein Cowboy erinnerte sich: „Am ersten Tag, an dem ich ausritt, fand ich nicht ein einziges lebendes Tier."

81 1874 wurde der Stacheldraht erfunden. Für die Viehzüchter war das ein Vorteil, denn er war preiswert und einfach anzubringen. Nicht nur die Weiden wurden eingezäunt, sondern auch Wege und Wasserstellen.

Land für alle

82 1862 wurde ein neues Gesetz erlassen, der Homestead Act. Es bestimmte, dass jedermann für 10 Dollar 160 Acres (ca. 65 ha) Land bekommen konnte, wenn er sich verpflichtete, dort fünf Jahre zu bleiben. Tausende von Menschen kamen aus dem Osten und bauten sich ihr eigenes Häuschen.

83 Das Leben dieser Siedler war hart. Es gab wenig Wasser auf den Ebenen, darum mussten sie zuerst einen Brunnen graben. Dann mussten sie ihr Stück Land mit einem Ochsen pflügen und bepflanzen. Doch die Ernte war immer durch Dürre, Steppenbrände, Stürme oder Heuschreckenschwärme bedroht. Wenn im Winter die Nahrung knapp wurde, mussten viele Farmer ihren einzigen Ochsen schlachten.

84 Die Häuser in der Prärie mussten aus Grassoden gebaut werden. Es gab keine Bäume, um Bauholz zu schlagen. So gruben die Farmer eine Grube in die Erde und setzten dicke Wände aus Grassoden auf. Das Dach bestand aus Stroh, das ebenfalls mit Gras bedeckt wurde. Der Boden bestand aus gestampfter Erde, die Fenster aus geöltem Papier.

Einige Familien besaßen ein Klavier, andere konnten Geige oder Harmonika spielen. Die Farmersfamilien trafen sich zu Tanzfesten, bei denen ein Ausrufer die Tanzfiguren ansagte. Manchmal kam auch eine reisende Theatertruppe in die nächste Stadt und gab in einem Zelt oder unter freiem Himmel Vorstellungen.

KAUM ZU GLAUBEN!
Die Landverteilung in Oklahoma nennt man auch den „Land-Rausch". Eines Morgens wurde ein Horn geblasen, und 100 000 Siedler stürmten herbei, um ein Stück Land zu beantragen. Sie kamen zu Fuß, zu Pferd und sogar mit dem Fahrrad.

Aussterbende Stämme

85 Um 1880 waren die meisten Indianer in Reservate im Westen verdrängt worden. Sie lebten meist auf kargem Boden, und auch Wild gab es kaum. So waren die Indianer von den Lebensmitteln, Kleidern und Medikamenten abhängig, die sie von der Regierung bekamen. Viele starben an Krankheiten oder Unterernährung.

▼ Diese Karte zeigt die wichtigsten Reservate, in denen die Indianer leben mussten.

86 Viele Sioux-Stämme weigerten sich, in die Reservate zu ziehen. Nach dem Sieg am Little Bighorn war eine Gruppe unter der Führung von Häuptling Sitting Bull über die nördliche Landesgrenze nach Kanada geflohen. Dort regierten die Engländer, die die Neuankömmlinge in Frieden leben ließen.

▼ Die amerikanischen Ureinwohner waren sehr stolz auf ihre traditionelle Kleidung.

▼ Sie empfanden es als Demütigung, sich wie die Weißen kleiden zu müssen.

87 Sozialarbeiter und Priester versuchten, den Lebensstil der Indianer zu verändern. Sie rieten ihnen, die alten Traditionen zu vergessen und die Gebräuche der Weißen anzunehmen. Sie sollten europäische Kleidung tragen, Englisch sprechen, zur Schule gehen und ihre alten Religionen aufgeben. Darüber waren viele Indianer sehr unglücklich.

88 **Der Stamm der Nez Percé lebte in dem schönen Wallowa-Tal in Oregon.** Ihr Häuptling Joseph weigerte sich, mit seinem Stamm in ein Reservat zu ziehen. 1877 beschloss der Stamm, ins weit entfernte Kanada zu fliehen. So begann eine erstaunliche Reise. 800 Männern, Frauen und Kindern gelang es, alle Truppen zu täuschen, die sie jagten. Die Gruppe marschierte 1600 Kilometer. Als sie kurz vor der kanadischen Grenze rastete, wurde sie von den Soldaten überrascht. Häuptling Joseph ergab sich mit den Worten: „Ich will nie wieder kämpfen."

89 **Die Regierung schickte die Nez Percé in ein sumpfiges Reservat in Oklahoma.** Ohne die gewohnte Bergluft und das Wasser wurde ein Viertel der Stammesmitglieder krank und starb. Häuptling Joseph kehrte nie mehr nach Hause zurück. Er starb 1904 – manche sagen, an gebrochenem Herzen.

◀ Häuptling Joseph

QUIZ

1. In welchem Jahr wurde der Stacheldraht erfunden?
2. Wie teuer waren 160 Acres Land im Jahre 1862?
3. Welches Land regierte Kanada zu dieser Zeit?
4. Wann starb Häuptling Joseph?

1. 1874 2. 10 Dollar 3. England 4. 1904

90 **Der Sioux-Häuptling Crazy Horse ergab sich 1877 den weißen Soldaten.** Er führte seinen Stamm aus den Black Hills in ein Reservat. Der Zug von Kriegern, Frauen, Kindern und Ponies war mehr als drei Kilometer lang. Einige Monate später wurde Crazy Horse verhaftet. Als er zu fliehen versuchte, wurde er erstochen.

Gemetzel am Wounded Knee

91 Alle Indianer waren in den Reservaten zusammengepfercht. Es schien, als hätten sie keine Macht mehr, doch 1889 schöpften sie neue Hoffnung. Ein Paiute-Häuptling namens Wovoka träumte, dass sie die Siedler besiegen könnten. Dazu mussten die Indianer einen „Geistertanz" tanzen und ein Geisterhemd tragen, das sie vor den Kugeln der Feinde schützen sollte.

92 **Die Sioux begannen, den Geister- tanz zu tanzen.** Sitting Bull war aus Kanada zurückgekehrt und schloss sich der Bewegung an. Das beunruhigte die amerikanische Armee, und sie schickten Soldaten aus, um ihn zu verhaften. In einem Kampf wurde Sitting Bull, der größte aller Sioux-Häuptlinge, getötet.

93 **Das Volk der Apachen war in das heiße, trockene Arizona verdrängt worden.** Viele fühlten sich dort nicht wohl und flohen in die Berge Mexikos. Häuptlinge wie Geronimo lebten von Überfällen auf Viehherden und kleine Siedlungen, und bald wurden sie von Sol- daten verfolgt. Es gab eine lange Jagd, aber am Ende ergaben sich die Apachen.

◄ Geronimo, einer der letzten Rebellen gegen die Herrschaft der Weißen

94 **Zwei Jahre später floh wie- der eine Gruppe von Apachen.** Unter der Führung von Geronimo versteckten sich die Indianer in New Mexico. Bald stöberten die Soldaten sie auf, doch Geronimo entwischte wieder mit einer Hand voll Anhänger. Inzwischen war er ein Volksheld geworden, und als er sich schließ- lich 1886 ergab, blieb er eine Berühmtheit.

SITTING BULLS LIED

Dieses traurige Lied sang Sitting Bull, nachdem er sich ergeben hatte.

Ein Krieger war ich einst. Jetzt ist das alles vorbei. Mein Leben ist hart geworden.	I-ki-ci-ze wa-on kon he wa-na he na-la ye-lo he i-yo-ti-ye ki-yawa-on

95 **Big Foot war der letzte der großen Sioux-Häuptlinge, doch sein Stamm umfasste nur noch 350 Men- schen – meist Frauen und Kinder.** 1890 befahl die Armee ihnen, an den Wounded Knee Creek zu mar- schieren. Es gab eine Auseinandersetzung und die Soldaten eröffneten das Feuer mit ihren modernen Gewehren. In- nerhalb weniger Minuten waren 250 Sioux getötet. Später wurden die Toten in einem Massengrab beerdigt.

▶ Big Foot lag erfroren auf dem Boden, nachdem er am Wounded Knee erschossen worden war.

Das Ende des Wilden Westens

96 Buffalo Bill gab seine Arbeit als Büffeljäger und Armeeführer auf und gründete 1883 eine „Wild West Show" mit der er viele Jahre durch Amerika zog. Begeisterte Zuschauer konnten Büffel, echte Cowboys, Kunstschützen und Trickreiter sehen. Es gab auch Postkutschen und Showkämpfe mit echten Indianern. Selbst Sitting Bull trat für kurze Zeit in dieser Show auf.

▲ Zu den Attraktionen der Show gehörten wagemutige Reiter auf bockenden Wildpferden, geschickte Lassowerfer und die Kunstschützin Annie Oakley.

97 Annie Oakley war eine unglaubliche Kunstschützin. Sie hatte das Schießen schon mit acht Jahren gelernt und sie war der Star in Buffalo Bill's Wild West Show. Sie schoss ihrem Mann Zigaretten aus dem Mund und traf sogar eine Spielkarte, die in die Luft geworfen wurde. Sitting Bull gab ihr den Namen „Little Sure Shot" (Fräulein Treffsicher).

KAUM ZU GLAUBEN!

Anfang des 20. Jahrhunderts wurde sogar Geronimo eine Touristenattraktion. Wenn Touristen ihn fotografieren wollten, verlangte er Geld dafür. Ein Foto zeigt ihn am Steuer eines Autos – obwohl er gar nicht fahren konnte.

98 Die Regierung wollte die Indianer zu Bauern machen.

Doch der Boden in den Reservaten war oft karg und viele hatten kein Interesse am Ackerbau. Sie verkauften das Land und lebten von dem Erlös. Als ihr Geld verbraucht war, hatten sie nichts mehr.

99 Der Wilde Westen ist vor langer Zeit untergegangen, doch seine Legenden leben in Büchern und Filmen weiter.

Viele der ersten Kinofilme spielten im Wilden Westen, und „Western" werden auch heute noch gedreht. Aber die Welt, die in diesen Filmen gezeigt wird, ist von der Wirklichkeit weit entfernt – kein echter Cowboy konnte so gut schießen wie John Wayne.

100 1873 wurde als erster Nationalpark der Welt der Yellowstone-Park eröffnet.

In dem wunderbaren Gebiet gibt es Seen, Wasserfälle, Berge und Wälder. Am Ende des 19. Jahrhunderts kamen alljährlich Tausende von Touristen nach Yellowstone. 1913 durfte man zum ersten Mal mit Autos in den Park fahren. Nun können die Reisenden wenigstens die Landschaft des Wilden Westens kennen lernen.

Register